LA REALIDAD DE UN MINISTRO

Beatriz Mieses

LA REALIDAD DE UN MINISTRO
BEATRIZ MIESES

Primera Edición 2022
Publicado por Beatriz Mieses
Villa Hermosa, La Romana, R.D

Los Versículos utilizados en la escritura han sido tomados de la versión Reina-Valera 1960 Sociedades Bíblicas en América Latina.

Autor: Beatriz Mieses-Autor independiente
Diseño de Portada: Erika Gulfo
Diagramación General: Beatriz Mieses
Corrección de Estilo: Beatriz Mieses
Correo Electrónico: Marielamiesesrodriguez@gmail.com
Celular: +1(829)-250-4716
Celular: +1(849)-401-1211
Instagram: @mariela_mieses_rodriguez

ISBN: 978-9945-18-067-1

CONTENIDO

DEDICATORIA

En primer lugar, este libro está dedicado a Dios que merece toda gloria y honra por los siglos de los siglos y fue quien puso el sentir en mi corazón para escribir este libro.

En segundo lugar, a cada joven que no es cristiano y carga una palabra de parte de Dios y que no ha discernido que sí está pasando por ciertas situaciones es porque es de propósito y que Dios quiere hacer grandes cosas en su vida.

Y en tercer lugar a cada hombre y mujer de Dios que ha pasado y está pasando por procesos difíciles, se sienten cansados y le ha causado querer dejar el camino, para que disciernan que en medio de todo lo que están pasando es que Dios los está formando para el cumplimiento de su propósito y asignación.

AGRADECIMIENTOS

Le agradezco enormemente a Dios por regalarme la salvación, por darme la sabiduría y el gran privilegio de poder escribir este libro, que en el transcurso de escribirlo ha sido de gran bendición para mi vida y sé que causara el mismo efecto a quien lo lea.

A mi familia porque siempre están prestos para colaborar en todo lo que Dios me asigna.

A los miembros del Ministerio Contra Todo Pronóstico porque a través de ellos Dios me hizo entender muchas cosas que están plasmadas en este libro y fueron de gran apoyo para cumplir esta asignación.

A Yumil A. Feliz, Cristian Y. Guzmán Valdez, Nelly A. Guzmán Valdez, Catherinne Araceli Jiménez Navarrete, John Josué Rogely, Alexander Castro y Erika Gulfo por identificarse con este proyecto desde el primer dia que les comunique sobre lo que Dios había puesto en mi corazón y estar envueltos en todo el proceso.

A mi Pastor Ronny Zorrilla por ser mi amigo, guía espiritual y quién siempre ha creído en lo que Dios ha depositado en mí y darme su apoyo para escribir este libro.

A todos aquellos que han sido parte de mi vida directa e indirectamente, porque las vivencias con ellos han sido la materia prima para éste escrito.

ENDOSO

Beatriz Mieses es una joven guerrera, apasionada por Dios y decidida, yo tuve la primera interacción con ella en un grupo de whatsapp. Me sorprendía su disposición a la obra de Dios, pues recuerdo que la primera vez que la vi participar fue en un culto virtual por zoom, en ese momento le asignaron a adorar y eran horas de la madrugada, pero ella no se negó a hacerlo, sino que adoró; para ser sincero, no recuerdo la canción, pero me sorprendió su disposición.

Ella es una joven que en poco tiempo Dios la ha llevado a dimensiones extraordinarias, me ha animado mucho a entrar en intimidad con Dios y nunca olvidaré una frase que escuche de ella, de hecho me parece un poco cómica, es "Dios que tus ángeles me voten de la cama" ella dice eso refiriéndose a que Dios no permita que se quede dormida en su tiempo de intimar con él.

Ella me sorprende y se lo he dicho, pues no sé cómo se maneja y se organiza, pero veo que no es ella, sino su dependencia de Dios.

John Josué Rogely (Tuyter)
Evangelista-Hermano Espiritual
Líder Ministerio Contra Todo Pronóstico

Conocí a Beatriz Mieses en primero del Bachillerato, desde allí pude notar algo diferente en ella. Se destacaba por su entrega y dedicación para hacer que las cosas sucedieran y no solo eso sino que sucedieran bien. Ese esfuerzo la llevó a ser la líder de uno sino el mejor de todos los grupos del recinto escolar completo.

Todo esto sin aún estar en los caminos del señor, aunque siempre tenía en cuenta que seguir a Cristo era algo que estaba por acontecer en su vida.

Hoy en día es cristiana, y su fervor en el liderazgo aún se mantiene, ahora respaldada por el Espíritu Santo, su influencia en los que dirige es aún más evidente.

Sadiel Garcia
Adorador y Evangelista
Hermano Espiritual

Beatriz Mieses llegó a mi vida porque Dios a través de un sueño le reveló algo que yo debía hacer, porque fuera de ser Evangelista, soy compositor y un momento antes de que ella me hablará que yo estaba pensando y me pregunté, ¿Qué estoy haciendo con el don que Dios me dió? y ella fue el instrumento que Dios utilizó para responder esa pregunta.

Después de ahí ella se convirtió en alguien súper especial para mi vida, ha sido una amiga y una buena hermana, de verdad le doy gracias a Dios por tenerla en mi vida. Es una joven apasionada y entregada a la obra de Dios y cuando empecé a leer la primera parte de su libro automáticamente me identifique y fui edificado. Y sé que ella será una tremenda Pastora en el nombre de Jesús, amén.

Yumil A. Feliz
Evangelista y Lider
Casa de Restauracion Roca Eterna

De Beatriz Mieses, realmente la primera vez que la vi fue a través de un amigo que teníamos en común y mi primera impresión fue está jóven si es difícil, tal cual; sin pensar que meses después Dios nos iba a unir de la manera más extraña y que hoy en día la iba a considerar como mi madre, mi guía, mi amiga y una de las personas que han sido mi soporte.

Ella es una mujer extraordinaria, capaz de romper cualquier barrera solo por el amor y la devoción que tiene de servirle a Dios, podría abundar más sobre ella pero simplemente no terminaría.

Nelly A. Guzmán Valdez
Adoradora e Hija Espiritual

Beatriz Mieses, más conocido cariñosamente como "mi mamá postiza", la primera vez que la vi realmente me intimide un poco porque su personalidad confunde y no se veía muy cariñosa. Para lograr conocerla, trate de buscar la forma de interactuar con ella dándole el nombre ya mencionado, y de verdad que es un amor cuando la conoces y más en persona, ya que nos conocimos en un tiempo de pandemia mundial pero para la gloria de Dios hemos creado una gran amistad hasta el día de hoy.

Ministerialmente es una joven que tiene un potencial tremendo, realmente desde el día que la conocí entendí que tiene un llamado de Dios al pastorado terrible, dónde va ayudar a una generación a buscar más de Dios, sé que será una mujer de éxitos en todas las áreas de su vida y de eso estoy más que seguro, Dios te continúe bendiciendo grandemente Mai.

Yariel Pérez Taveras

Evangelista y Lider Generación de Cambios

La conocí en el año 2021, de manera virtual, yo estaba atravesando por un proceso muy doloroso, no sabía que hacer, mi alma estaba sumergida en una profunda agonía. Las dos en ese entonces perteneciamos a un grupo ministerial vía telegram en medio de la Pandemia, en el cual, recuerdo haber solicitado ayuda espiritual, ahí fue cuando de manera interna y voluntaria, Beatriz decidió escribirme y aunque no me conocía, me ofreció su ayuda, siempre le estaré agradecida. Dios la usó para levantar mis brazos, para traer esperanza a mi corazón, para darme una palabra de fe, y para bendecirme.

Más adelante la conocí físicamente por la misericordia de Cristo, y puedo dar testimonio de que es una persona valiente, esforzada, pero sobre todo que pone pasión por el servicio y la obra de Dios, ahora tenemos una gran amistad y una hermosa hermandad.

Catherinne Araceli Jiménez Navarrete

Adoradora y Lider

Ministerio Contra Todo Pronóstico

PROLOGO

Beatriz Mieses es una joven qué se comenzó a congregar en nuestra Iglesia Casa de Restauración Roca Eterna a finales del año 2021. Al principio solamente la llevaba a su casa, pero en una de las veces en la que íbamos a su casa comenzamos a escuchar una canción que ministra mucho nuestras vidas y la misma se trata de cómo a veces necesitamos una palabra de alguien que nos restaure, que a veces queremos que alguien entienda por lo que estamos pasando.

Y realmente con el tiempo no sabía que se convertiría en esa amiga, hermana y consejera.

Luego, siempre que la llevaba a su casa, íbamos todo el camino hablando sobre las cosas que nos pasaban en la vida ministerial y lo similares de muchas de las cosas que pasábamos, ella como líder de un ministerio y yo como líder de jóvenes.

Un día mientras yo estaba trabajando ella me escribió y me comentó que no podía decir que Dios le dijo pero que sentía comenzar a escribir un libro contando muchas de las cosas que ella había vivido y que muchos de nosotros también vivíamos.

Por eso es que entiendo que este libro llamado **La Realidad De Un Ministro** no sólo será contar su historia sino que podrá ministrar la vida de muchas personas, muchos que no han entendido que aunque estén en el mundo hay un sello en ellos y otros que están en medio del proceso y creen que no pueden salir de eso, pero no están entendiendo que todo esto Dios lo permite en sus vidas para enseñarles a controlar sus emociones y formar carácter necesario para el cumplimiento de su propósito en sus vidas. Por lo que cuando decidimos servirle a Dios no hay nadie que pueda detener lo que seremos en el evangelio.

Así que les ánimo a que lean este libro porque sé que será de gran bendición para sus vidas.

Cristian Yordani Javier Valdez

Lider de Jovenes

CAPÍTULO I

CUANDO ERES SELLADO

Para comenzar este capítulo del libro quiero resaltar algunos versículos, que abarcan mucho lo que se desarrollará en el mismo.

Porque muchos son llamados, y pocos escogidos. Mateo 22:14

Antes que te formase en el vientre te conocí, y antes que nacieses te santifique, te di por profeta a las naciones. Jeremías 1:5

Con estos versículos aprendí que desde antes de ser concebidos Dios ya tenía un diseño y un sello para nosotros, no es que simplemente naciste por existir, sino que ya había en nosotros un diseño, un propósito y un llamado. Pero realmente no lo entendí hasta después de haber recibido al señor en mi vida.

Pero en primera instancia no nos enfocaremos en esas palabras que dijo Dios a Jeremías sino que durante todo el capítulo iremos entendiendo lo que es ser sellado por Dios.

Hay algo que entendí luego de tener varios años en el evangelio y analizando toda mi vida, y es que cuando eres sellado con un llamado aún estando en el mundo tu sello es reconocido, porque no es algo que nació de ti sino que Dios lo puse antes de tu nacimiento.

Mientras estás en el mundo tú mismo no puedes reconocer ese sello, pero las personas del reino si pueden reconocer que en ti hay algo diferente, se nota una gracia en ti. Cuando era más joven y no era cristiana, a veces las personas me paraban en la calle o en los lugares donde trabajaba y me preguntaban, ¿Tú eres cristiana, verdad? y yo les decía "No" y la gente se lo encontraba muy raro y me decían es que tú tienes una gracia, algo tan lindo de Dios y yo decía en mi mente esta gente está muy rara, pero era que ellos podían identificar la marca que había en mi, pero ni yo misma podía reconocer que no era cualquier persona sino que era escogida.

Siempre me hacían la misma pregunta, ¿Por qué no eres cristiana? y yo no tenía una respuesta a eso, porque realmente no tenía excusas para no ser cristiana y sé que esto le pasa a la mayor parte de la gente cuando le hacen está pregunta, porque aunque es simple de preguntar es difícil de responder.

Aunque mucha gente no lo ve, ni lo reconoce satanás va trabajando tu mente desde que eres muy pequeño y va creando en ti algo que le llamaría el "Síndrome de Desamor", ¿Por qué este nombre?

porque desde que vas creciendo y principalmente resaltando mi caso que no me crié directamente con mis padres, satanás aprovechaba el escenario para ir trabajando con mi mente, "de que tus padres no te quieren", "que no vales nada" y "que nadie puede quererte, porque no tienes valor", entonces para mí no era creíble que un Dios tan grande pudiera amarme tanto.

Vamos a hacer un paréntesis y le contaré un poco más de mi historia para poder explicar porque he entendido que satanás va trabajando con tu mente desde pequeño y por que influye en responder la pregunta anterior.

Me cuentan mis padres que durante unos años cuando era pequeña vivía con ellos cosa que no recuerdo, pero pasando a cuando ya tenía uso de razón, mis padres trabajaban lejos y mi hermana y yo vivíamos con nuestros abuelos, ellos nos daban lo mejor dentro de las posibilidades que tenían y no es que me queje porque nunca me faltó nada pero al extrañar a mis padres, satanás comenzó a utilizar eso para crear en mi el **"Sindrome de Desamor"**, siempre pensaba que nadie me quería porque todo el mundo estaba enfocado en darnos lo mejor pero a veces yo solo quería que alguien escuchará lo que tenía que decir.

Y así fueron pasando los años y aunque me escuchaban cuando estaban en casa, me fui encerrando en un mundo creado por mi mente donde vivía la depresión, el pensar que nadie me quería, ni mis padres, ni mis abuelos y ni siquiera tenía muchos amigos porque no tenía una personalidad propia solo buscaba encajar. Pasaron varios años siendo así, pero solo era satanás creando el escenario perfecto para yo no lograr ver el sello y el llamado que había en mí de parte de Dios.

Pero no es solo eso, aunque no lo entendía, satanás quería eliminarme porque no era conveniente para él que mi sello fuera reconocido por mi y mi llamado se desarrollara, por lo que hundida en una depresión por las cosas que vivía diariamente y para hundirme más siempre estaba en mi habitación e intentaba sonreír cuando realmente me sentía sola, que nadie me quería y que realmente no debía vivir porque no aportaba nada a estar en el mundo, intenté quitarme la vida y no fue una, ni dos, sino tres veces, pero la vez que marco mi vida para siempre fue la última vez.

Ese día me espere que todo el mundo en mi casa estuviera ocupado y me tranque en mi habitación y me senté en la cama y pasaron en mi mente muchísimos recuerdos de mis momentos más fuertes de depresión y estando en mi cama mirando para la pared sentí ese personaje que se sentó a mi lado y comenzó a hablar conmigo, yo confieso que estaba como poseída por ese personaje porque mientras me hablaba dónde me decía que mirara yo lo hacía y él mismo comenzó la conversación que recuerdo como hoy, me dijo no ves que nadie te quiere, ni siquiera tienes personalidad propia, lo mejor que puedes hacer es terminar con esto, mira toma está sábana blanca, puedes engancharla por ese palo en el techo, hacerle tal nudo y puedes auxiliarte de esta silla y listo termina tu situación, pero en ese mismo momento sonó mi celular y era un amigo, inmediatamente salí como del trance en el que me tenía aquel personaje y ese amigo logró evitar lo que estaba a punto de hacer.

Pero aun así no deje de estar en depresión, y cuando eres sellado satanás intentará una y otra vez destruirte porque sabe que le conviene, y aunque asistía a la iglesia los domingos, estudios bíblicos e inclusive una vez había sido cristiana aún así no había tenido ese encuentro con el Espíritu Santo, mi vacío seguía igual y fue tan fuerte mi depresión que me aleje de todo lo que tuviera que ver con Dios por más de 5 años porque decía que nadie que me amara tanto me dejaría pasar por tantas cosas y dejarme hundir en una depresión.

Mi hermana mayor me invitaba a la iglesia y yo a la hora de ir me acostaba a dormir, a veces me hacía la dormida y eso era así cada vez que me invitaban, mi hermana me decía que era una demonia inclusive hasta mi forma de vestir era muy diferente, no me gustaba vestirme de colores todo era negro porque así me sentía por dentro (Padres pongan mucha atención a los comportamientos y formas de vestir de sus hijos) y hasta comencé a ir a discotecas con mis amigos de la universidad pero aún eso no me llenaba, porque gozaba ese rato pero cuando estaba en las cuatro paredes de mi habitación era lo mismo de nuevo.

Después de que la gente me comenzó a decir que veía esa gracia de Dios, decidí salir de esa depresión y aún con ella comencé a ir a unos estudios en la iglesia y fui aprendiendo del verdadero amor de Dios. El sábado 12 de Agosto del 2017 asistí a la fiesta de cumpleaños de una amiga de la universidad, ese dia baile y tome mucho alcohol; al otro día me sentía tan mal que le dije Dios yo no quiero ser así, no quiero seguir igual pero nunca pensé que ese sería el último día que estaría fuera de los caminos de Dios.

Mi abuela que era la casi la única cristiana en casa, me invitó a la iglesia porque iba un joven a predicar y yo aunque tenía ensayos para la boda de mi tía decidí ir porque me gustaba ver a los jóvenes predicar de Dios y recuerdo que tenía un vestido de leopardo y un abrigo y me senté en el último banco de la iglesia y escuchaba a quien actualmente es mi

Pastor Ronny Zorrilla, él predicaba de José bajo el tema "Eres un soñador" y cuando él terminó de predicar algo en mi ya era diferente y siendoles sincera aún no me explico cómo pude pasar al altar a convertirme, porque lo que recuerdo es que estaba en el último banco y cuando viene a tener razón de mi estaba frente al predicador y él me decía a adorarle Dios te ha llamado y así pude recibir a Dios en mi corazón.

CAPÍTULO II

CUANDO NO HAS SANADO

Después de recibir a Dios en mi vida por momentos quería entrar la depresión en mi vida y aunque quería dejar que Dios comenzará su obra en mí, tenía ese cuestionamiento contra él de por qué había pasado por tantas cosas y momentos de depresión.

Y realmente Dios no podía comenzar su trabajo en mí hasta que dejara de cuestionarlo por algo que realmente no tenía la culpa sino que era parte de lo que debía de pasar.

Después de un tiempo en el evangelio Dios dijo hoy será el día en que dejarás de cuestionarme y daré luz a tus ojos y te mostraré lo mucho que te he amado desde antes que nacieses.

Entonces estando en mi habitación orando, comencé a cuestionarlo como era de costumbre y por un momento fue como si quedará dormida, fue como que literalmente mi cuerpo se trasladará a aquel día que mencioné en el capítulo anterior y pude verme en aquel momento, me ví sentada en mi cama con un personaje al lado mío que parecía como una sombra y vi justamente todo como me había pasado y cuando ese personaje a mi lado dejo de hablar, ese ser que me había llevado a ese lugar me dijo ahora mira hacia esa esquina y mis ojos se fueron directamente a esa dirección y wao hasta de escribirlo me da escalofríos, cuando mire a esa esquina que me había señalado pude ver a ese personaje que resplandecía con una vestidura blanca y me dijo vez, cuando estabas apunto de quitarte la vida yo estaba ahí pendiente de cuidarte, así fue en todo lo que pasaste, siempre estaba cerca de ti cuidando de que no te pasará nada y si no te haz logrado suicidar es porque yo estoy cerca.

Cuando volví en sí me dije a mi misma que si pude haber muerto y Dios me salvó de todo eso, dejaría de vivir para mí y comenzaría a vivir para él. Por eso cada día me someto más a su voluntad que a la mía porque él es quien la dirige.

Desde ese día se terminaron los cuestionamientos que llevaba años teniendo en mi corazón y realmente pude sanar esa herida.

A veces duramos muchos años cuestionando a Dios por algo que nos pasó, por la muerte de un ser querido o por todo lo malo que pasa en el mundo, pero realmente muchas de esas cosas pasan por el pecado y otras porque como dijo Job en su capítulo 1:21.

Y dijo: Desnudo salí del vientre de mi madre, y desnudo volveré allá. Jehová dio, y Jehová quitó; sea el nombre de Jehová bendito.

Pero esas situaciones nos hacen ver que pasemos por lo que pasemos Dios está pendiente y su misericordia nos acompaña y es nueva cada día.

Dios tuvo que hacer esto para sanar mi corazón, quebrantarlo para poder perdonar a las personas que por años y situaciones pasadas tenía en mi corazón y en ese momento comencé a disfrutar de esa paz que tanto había escuchado hablar a los evangélicos, que es la paz de Dios.

Así que si usted aún siendo cristiano tiene a alguien en su corazón o se castiga por algo que usted hizo, le invito a primero perdonarse así mismo, porque ya Dios lo hizo y luego perdonar a aquellos que le hicieron mal porque podrá subir a mil altares y querer fluir pero si no perdona y sana su corazón lamentablemente Dios no completará la obra en usted.

CAPÍTULO III

LA DEPENDENCIA DE DIOS

Creo que muchos de los que leen se sentirán muy identificados con qué lo más difícil es crear la dependencia de Dios. Muchos decimos en este camino a la salvación:

El que habita al abrigo del Altísimo morará bajo la sombra del Omnipotente. Salmos 91:1

Pero no entendí realmente esta cita hasta que Dios me hizo totalmente dependiente de él y les cuento que para mí no fue nada fácil comprender y volverme dependiente de Dios, si buscamos el significado de dependencia de Dios, encontramos que es la subordinación a un poder mayor.

Cómo les comenté anteriormente creo que aprender a ser dependiente de Dios fue una de los procesos más difíciles en este camino, porque yo soy una persona muy independiente, analítica y me gusta tener el control de todo, me gusta planificar qué haré mañana y en cada situación me gusta hacer lo que yo diga.

Y no es que esté totalmente mal pero realmente no para lograr la dependencia de Dios, por lo que el señor tuvo que como una vasija de barro, romperme y comenzar a formarme de nuevo, y no fue que deje de ser independiente, analítica y demás pero si moldeo muchas cosas en mi.

Cuando comencé en sus caminos estaba cursando la universidad, estaba trabajando y era todo lo independiente que quería pero me faltaba lo más importante, que era dejar de ser dependiente de mi misma y comenzar a ser dependiente de mi Padre Celestial (aquel que no aprende a ser dependiente de Dios no puede tener ningún ministerio).

Yo sintiéndome en mi mejor momento teniendo a Dios en mi corazón, estudiando lo que deseaba y trabajando para sustentarme, pero Dios dijo llegó el momento de que esa independencia se convierta en dependencia de mi.

Y ahí comenzó mi proceso, me quedé sin trabajo que era lo que realmente me hacía independiente y si bien pagué unos cuatrimestres de la universidad para estar más tranquila, lo demás fue muy duro para mí.

En ese proceso Dios me alejo de muchas personas e inclusive a personas de mi familia para que no estuvieran ahí cuando las necesitaba. Al principio tenía dinero para pagar los pasajes y trabajos de la universidad pero con el paso del tiempo me fui quedando sin nada y ahí comenzó el verdadero proceso.

Tenía que ir todos los días a las 6pm a la universidad y aunque mis familiares sabían que tenían que llevarme a esa hora no aparecía nadie y no los culpo era parte del propósito, entonces solo me trancaba en mi habitación a llorar, a veces llegaba tarde a la universidad, otras veces me daba vergüenza ir porque tenía los ojos rojos e hinchados de llorar y no quería responder a la clásica pregunta, ¿Qué te pasa?

A veces cuando llegaba de la universidad encontraba el portón de mi casa trancado y mi familia durmiendo profundamente y tenía que volar el portón de zinc y cuando llegaba a mi habitación no tenía nada para cenar y a veces no pedía ni decía que tenía hambre por el espíritu de yo soy independiente y puedo sola.

En las madrugadas cuando me levantaba a orar, no podía ni orar sino llorar porque era lo que sentía, que mi alma lloraba y a veces le decía a Dios pero de qué me sirve adorarte, ser cristiana si ahora me va peor, ¿Será que no soy tu hija?, ¿Será que no me escuchas?.

Estás fueron las preguntas que le hice a Dios por un tiempo pero en vez de mejorar la situación empeoraba porque realmente no quería ceder a qué necesitaba de Dios para lograrlo e inclusive en mi relación las cosas no iban bien.

Se creó un panorama horrible para mí, pero Dios no podía mejorar mi panorama hasta que no aprendiera lo que él quería, que debía dejar de tener el control y dominio de las cosas y dejársela a él.

Hasta que un día le dije en una madrugada, Dios ¿Qué quieres que haga?, no soy mala, soy tu hija y porque todo lo que me pasa son cosas malas y él me dijo lo que pasa es que no has aprendido a depender de mí, a entender que el control de tu vida no lo tienes tú sino yo y que debes de creer en que quizás hoy no tengas para la universidad y muchas otras cosas más, tienes que confiar que aquel que es tu Padre Celestial te suplirá de lo que necesites.

Y desde ese momento poco a poco comencé a dejarle el control a Dios e inclusive mi fé cada día fue aumentando porque en ese momento comencé a ver la mano de Dios obrando en mi vida, ya en mi casa me llevaban a la universidad, mis compañeros me llevaban a casa, ya estaban pendiente cuando llegaba y encontraba la cena tapada en mi habitación.

Aprendí a qué aunque me acostara sin tener nada para el día siguiente mi padre celestial me sustentaría, deje de pensar tanto en el futuro, en que haría mañana y comencé a vivir el hoy y dejarle el mañana a Dios.

Y por todo esto que pase comprendí que el verdadero significado de la cita que cité al principio es "**Dependencia de Dios**".

CAPÍTULO IV

LLAMAMIENTO

Así como en la biblia, personajes como Moises, Samuel, Ezequiel, Jeremías y otros más fueron llamados por Dios, así mismo pasa con cada uno de nosotros.

Ya hemos hablado de que somos sellados o marcados desde antes de nuestro nacimiento pero no es hasta que Dios lo considera qué nos hace el llamado para lo que ya hemos sido diseñado.

Cuando me convertí, como les comenté Dios me llamó como Adoradora que en ese momento pensaba que era sólo cantar para Dios porque era la creencia que tenía en ese momento, que si bien es cierto que parte de mi llamado es adorar mediante el canto, luego con el tiempo Dios me hizo entender a través de:

Mas la hora viene, y ahora es, cuando los verdaderos adoradores adorarán al Padre en espíritu y en verdad; porque también el Padre tales adoradores busca que le adoren. Juan 4:23

Con la cual entendí que adorar no era solamente cantar sino cumplir con la o las asignaciones que Dios te pone.

Les cuento que, al principio en los caminos de Dios solo me enfoque en cantar, me dieron participación en el coro de adoración de la iglesia donde me congregaba y era tan fuerte todo que iba a desistir de cantar porque me decían inclusive que cantaba muy mal y como pasó con algunos de los personajes que al principio mencione, puse todas mis limitaciones ante Dios y le decía que no podía cantar porque no lo hacía bien, no llegaba a los tonos, me salía del tiempo en el piano, pero les digo algo Dios ama cuando le pones limitaciones por las cuales no puedes hacer algo porque es donde él se glorifica y te hace entender que aunque tengas limitaciones quien te llamo no la tiene y se glorifica en nuestras debilidades.

Pero no solo eso, sino que según sea tu llamado tendrás dones y ministerios porque desde que tengo uso de razón siempre he sido líder o presidenta en grupos que he estado, entonces cuando me convertí entendí que Dios no solo me llamó como adoradora sino como una líder y me dió el privilegio de ser ungida en mi congregación de ese tiempo, porque Dios separa a sus escogidos.

Aunque varios hombres de Dios me ungieron, hay momentos en que tú mismo no crees en lo que Dios ha depositado en ti, así como los profetas en la Biblia ponés muchas excusas y limitaciones pero no entendemos que desde ante mano Dios conoce nuestras debilidades, fortalezas y justo utiliza esas debilidades para glorificarse, así como le dijo Jeremías soy tan sólo un niño, Moisés soy tartamudo, así también nosotros ponemos nuestras limitantes.

Cuando Dios me dijo que iba a ser su adoradora lo primero que surgió en mí es que no sabía y aún no se cantar, es difícil mantenerme en el tono, dudo de cantar con altos pero la diferencia es que Dios me llamó para esto y cuando pienso que esa situación me limita a adorar es cuando mejor sale mi adoración para él.

Hay algo tan lindo de Dios cuando te llama a sus caminos y es como yo lo veo, que Dios es como un padre que dura años sin ver a su hijo pero que va acumulando regalos por cada cumpleaños y méritos que logras en espera de cuando regreses y cuando decidas volver a la casa entonces te dice hijo mío te estuve esperando, ven toma todo los regalos que te guarde durante estos años y así comienza a entregarte dones.

En mi caso aunque ya me habían confirmado mi llamado a la adoración entiendo que Dios se esmero conmigo como seguro lo hizo con ustedes y me entregó el ministerio mediante un sueño, un día sueño con mi líder de jóvenes y su esposa mi líder de adoración de ese entonces y en ese sueño habíamos varias personas y era una fiesta por cierto muy hermosa era como incierto la belleza de esa fiesta y mi líder de jóvenes le dice a mi líder de adoración entregale el regalo y ella me lo entregó y era un rollo de un color blanco que nunca había visto y resplandecia, cuando lo tome y lo abri tenía unas letras hermosas de color dorado pero era tan brillantes que no logre identificar lo que decía en el.

Yo siempre le he dicho a Díos que cuando quiera que ponga atención a un sueño que logré recordarlo cuando despierte y así fue, cuando me levante recordé el sueño y Dios me inquietó a contárselo a mi líder de jóvenes para tener una interpretación del mismo y haciendo un paréntesis en esta parte **"cuidado a quien le cuentas tus sueños porque así como a José pueden llegar a odiarte por lo que Dios dice de ti a través de tus sueños".**

Pero como dije Dios inquietó para contárselo a mi líder pero no en el grupo de la iglesia sino en privado y cuando le mando las notas de voz contándole el sueño me dice, wao fue un don que Dios te entregó en ese sueño y entendí que en ese sueño se me entregaba de parte de mi líder de adoración el ministerio de adoración, pero como Dios siempre nos sorprende también me entregó el liderazgo a través de mi líder de jóvenes ahora Pastor.

Desde nuestro nacimiento cargamos un propósito, con una palabra departe de Dios que aunque nos suene ilógico tiene peso en nosotros y es por esa palabra que las cosas van sucediendo, algo cómico es que siempre piensas que no es ese el llamado que tienes porque no asimilas que llegarás a hacer algo que no te gusta y en tu lógica humana nunca estarás preparada y eso mismo pensaba yo cuando Dios me llamó al Pastorado.

Pero Dios siempre tiene su diseño para nosotros y cuando te conviertes comenza a trabajar en el. En los días después que me convertí comenzó a manifestarlo a través de adoradores, evangelistas y profetas y mostrarme cuál era la palabra que yo cargaba y recuerdo que como una semana después de convertirme fue ungida como Líder, pero también en una actividad que hicieron en mi congregación una adoradora Sujeilis Martiris llegó a donde estaba sentada y me dijo: Dios dice que sólo necesita que entres un poco más en intimidad con él y verás cosas que nadie ha visto y escucharas cosas que nadie ha escuchado y yo me quedé demasiado sorprendida y aunque lo creí por momentos en mi vida llegaba la duda porque yo no pensaba que podría llegar a pasar cosas tan sobrenaturales en mi vida.

Pero aunque dudemos Dios ha de cumplir lo que ha dicho de nosotros y ese sello, diseño y manifestación ha de acontecer aunque no es algo de la noche a la mañana sino que Dios te va preparando para algo mayor y llevándote a cada nivel espiritual que necesitas.

CAPÍTULO V

DUDA DEL LLAMADO

Dios me llamó y comenzaron a decirme mi real propósito dentro de los caminos del señor, a cada actividad que iba me ungían como líder, como adoradora y era como dándome instrucciones como debía moverme, como debía intimar con él, para que eso que se dijo de mí tuviera cumplimiento, pero como sabemos satanás nunca se queda tranquilo porque sabe que mientras más claros y seguros estemos de nuestro llamado, menos posibilidad tiene de destruirnos, que es su objetivo; por eso lo primero que hace es iniciar a sembrar duda en nosotros sobre la palabra Dada.

Les comenté que cuando me convertí me llamaron como adoradora pero aunque satanás use la duda para confundir lo que ya Dios dijo, satanás usa tu humanidad, lo que ves y escuchas de los demás para hacerte dudar, comenzará por tu familia, amistades cercanas y hasta los de la iglesia.

Dios me llamó como adoradora pero los cercanos eran los primeros en decirme que no cantaba bien, en la iglesia nisiquiera me daban participaciones para cantar como principal, yo recuerdo un día que invitaron a la iglesia a una actividad y no me querían dejar cantar de principal porque no tenía el desarrollo que según esa persona requería para hacerlo, siempre estaba haciendo coros en la iglesia y aunque me hacía dudar esta situación continúe haciéndolo, pero estaba siempre en mi mente de que si realmente iba a hacer adoradora, porque todos los pronósticos humanos arrojaban que no sería así porque no estaba apta para eso.

Les cuento que fue tan profundo lo que satanás comenzó a trabajar en mi mente (La mente es nuestro primer campo de batalla) y yo a sentir que Dios se había equivocado en mi llamamiento, que ni mi familia, el coro de adoración nisiquiera los músicos creía en el mismo, porque satanás busca trabajar tu mente y personalidad sin darnos cuenta y comienza a poner duda, a que nos sintamos sin una identidad propia para que no podamos ver lo que realmente hay en nosotros.

Pues así estaba yo, dudando de todo y aunque hablaba con Dios sobre el caso, él mismo estuvo en silencio por un tiempo y en ese momento entre en una depresión que nadie se daba cuenta, aunque hacía coros en la iglesia, sentía que alguien con tantas situaciones como yo no podría llegar a hacer adoradora.

En mi proceso de depresión, si bien ungían mi garganta personas que Dios enviaba, la misma cada día crecía más en mí, porque tenía una gran confusión en mi vida y no entendía la diferencia entre adorar y cantar; que adorar va más profundo. Que cantar es entretener a un público y adorar es invocar la presencia de Dios, pero en ese tiempo entendía que adorar era tener la gran voz, era cantar bien entonada, afinada, dentro del tiempo y claro que eso es importante pero no lo fundamental.

La depresión era tan fuerte que siempre lloraba en mi habitación y le decía a Díos que porque me llamó a algo donde hago el ridículo, porque así lo pensaba en mi propio entendimiento, y sólo me la pasaba viendo lo bien que cantaban los demás en mi congregación.

Hasta que en unos meses se terminó el silencio de Dios en mi vida y pasó algo; y cuando la duda quiere tomar mi mente, Dios trae a mi esto que les contaré.

Un día estaba dormida y mi hermana en otra cama cuando de repente en la madrugada algo me despierta y cuando abro los ojos y miro a donde estaba mi hermana veo como literalmente su cuerpo estaba en la cama pero su espíritu salió de su cuerpo y se acerco donde estaba, pero al mismo tiempo había alguien al lado mío pero fuera de la cama como una especie de sombra negra con un cuchillo en la mano para matarme, en el tiempo que el espíritu de mi hermana estaba fuera de su cuerpo, su espíritu empuja esa sombra y esa sombra que pone a mis pies fuera de la cama, el espíritu de mi hermana regresa a su cuerpo pero podía percibir que esa sombra quería acabar con mi vida y en ese momento una adoración llegó a mi mente y fue como si mi boca se controlará sola y comencé a cantar la canción que dice "aunque mi principio haya sido bien pequeño y mi comenzar sea camino de dormir" y mientras cantaba esa canción veía como frente a mis pies pero fuera de la cama se iba creando una pared como de agua cristalina y se iba poniendo más fuerte mientras adoraba y esa sombra estaba muy enojada y le daba a esa pared con el cuchillo, al principio el cuchillo podía transpasar la pared pero mientras más avanzaba en la adoración el cuchillo no podía transpasar por la pared hasta que fue tan fuerte esa pared de agua cristalina que la sombra desapareció y en ese momento escuché una voz que me dijo es que no adoras porque cantes bien, adoras porque fue un regalo que te di, recuérdalo y adoras porque cuando adores lo que este cerca de ti que no sea de mi, tendrá que irse; pero no es hasta ahora, varios años que entiendo claramente lo que me dijo.

CAPÍTULO VI

ACEPTACIÓN DEL LLAMADO

Si bien ya sabemos que somos sellados, tenemos un diseño y un propósito de parte de Dios, no es fácil aceptar su llamado, ya antes hablábamos de personajes de la Biblia cuando fueron llamados y las limitaciones que expresaban a Díos y como por las mismas no podían aceptar en su vida dicho llamado, pero Dios ya sabe todo de nosotros y conoce nuestras limitaciones.

Siempre que Dios nos llama, pondremos nuestras limitaciones delante para tratar de demostrarle a Dios que no podemos hacerlo porque no estamos preparados, pero se nos olvida quién nos llamó, escogió y preparó.

El llamado a la Adoración aunque para mi era ilógico tener ese llamado y cantaba mal, siempre me aferre a que si Dios lo dijo él lo iba a hacer en mi.

Amo muchas cosas de Dios pero la que quiero resaltar en esta parte es que desde antes que tengas uso de razón Dios comienza a prepararte aunque tú ni te hayas dado cuenta de eso.

Les cuento que desde la infancia en la escuela o actividades siempre era la principal, la que hablaba por los demás y tomaba la iniciativa y el liderazgo, pero eso no lo entendí hasta que vine a los pies de Dios.

Desde que le entregué mi vida a Díos, fue como acelerando algunas cosas en mi vida y la principal de ellas era la evidencia para mí y ante los demás que era una líder.

Es como recordar a David, que ya era escogido para rey pero necesitaba ser ungido como evidencia ante su familia y el pueblo de quien era para Dios.

Algo así me pasó y estaba como en el anonimato con respecto al liderazgo y Dios comenzó a enviar profetas a ungirme como líder y específicamente de jóvenes porque sentía un dolor al ver a los jóvenes perderse y que podía hacer por ellos.

Pero aunque había sido ungida como Líder nunca me vi como tal, aunque los demás si lo notaban, pero con el tiempo fue aceptando el hecho de ser marcada bajo el liderazgo de jóvenes aunque sin tener esa posición dentro de la iglesia.

Pero todo cambió cuando ya no ministraban un liderazgo de jóvenes sino que realmente todo lo anterior era la evidencia de que mi verdadero y gran llamado era al Pastorado.

Yo siempre miraba a los pastores y decía que gracias a Díos que no era ese mi llamado porque los pastores eran demasiados sufridos por la congregación y no estaba dispuesta a eso y además que veía cosas en las iglesias que no me gustaban y no estaba preparada para asumir.

Pero Dios donde crees que no puedes, donde pones limitaciones, es donde Dios te llama; para que entendamos que tenemos un diseño y que Dios es quien llama y capacita, que él se glorifica en medio de nuestras debilidades y puede aumentar la fe de los demás al ver lo que él pudo hacer en nuestras vidas (no predicamos sólo con palabras sino con nuestro testimonio).

Pues cuando me ministraron que mi llamado era el pastoral me negué rotundamente a hacerlo, no sólo poniendo excusas sino que no iba a ser pastora que no estaba dispuesta a sufrir, ha dejarme humillar, no dormir, tener que velar en oración por los miembros y ser criticada porque la gente cree que pastores son seres perfectos.

Pase muchos meses ignorando ese llamado, no quería nada que tuviera que ver con el pastorado y me molestaba cuando me llamaban pastora, pero cuando eres escogido puedes negarte las veces y el tiempo que quieras y sólo puedes retrasar el proceso pero de que Dios lo hará en tu vida, lo hará.

Entonces pasaron meses y yo en mi negación de que no iba a aceptar nunca el pastorado y si bien se interpretará que estaba en rebeldía es normal pensar eso y negarse, porque no es lo que piensas ni quieres hacer para Dios y yo me sentía bien sólo como su adoradora.

Hasta que el gran día de aceptarlo llegó y si bien unos aceptan los llamados fácilmente otros no tan fácil que fue mí caso. Fui a una actividad que hace mi primo anualmente que se llama Frente a la Cruz aquí en La Romana y pase la noche gozándome en el señor con mis hermanas, pensaba que me iba a ir sin que Dios me hablará a través de sus profetas, era mi pensamiento más no él de Dios solo que espera el tiempo preciso para hacerlo.

Cuando ya estaban orando para terminar la actividad, estando yo en el altar subió una ministra del señor que amo y me dijo que mi vida estaba sellada por el liderazgo y veía un manto pastoral y qué dejará de huir a el que como quiera Dios lo iba a hacer, que si iba seguir negándome o dejaría que Dios lo hiciera pero bajo su autoridad y el tono en que lo dijo y sabiendo de lo que yo había hablado con Dios, sabía que era un aviso del señor a que lo dejara trabajar siendo cooperadora o como quiera lo haría y sería más fuerte el proceso por mi profunda negación.

Y en ese mismo momento, le pedí perdón al señor y le dije que aceptaría lo que él quería para mí y que como un vaso de barro me rompiera e hiciera de nuevo, porque como estaba no iba a poder asumir el gran llamado y responsabilidad de ser Pastora en algún momento de mi vida.

CAPÍTULO VII

INTIMIDAD

No podemos desarrollar un llamado sino tenemos una intimidad con Dios, usted puede ser el mejor cantante, expositor y demás pero si no tiene intimidad no causará nada en su vida ni en la vida de los demás.

La intimidad con Dios es algo tan fundamental en la vida de cada creyente, que sin ella es como estar vivo pero no tener vida, sonaría ilógico estar vivo y no tener vida pero en el mundo espiritual es así.

La intimidad es como tener una relación con alguien que comienzas hablando por minutos y mientras va pasando el tiempo se van volviendo duraderos y ya no sólo hablan de cómo están cada uno sino que ya van más profundas sus palabras y tener intimidad es ser sincero contigo y con esa persona.

La intimidad no es algo que pasa de la noche a la mañana, sino que hay que cultivarla cada día. Tener una intimidad con Dios va tan profundo que al principio escoges un lugar donde sólo hablas tú con él, pero con el tiempo lo invitas a que se siente a tener una conversación contigo, donde tu hablas pero él también habla y así sucesivamente; hasta que llegas a hablar con él en cualquier lugar y sientes como él camina, trabaja y hasta duerme contigo.

Hay detalles fundamentales que tienes que tomar en cuenta para ser considerado ser íntimo de Dios y que lo aprendí en este proceso de servir a Díos y son:

La oración: porque si no hablas con Dios no estarás conectado al cielo, no tendrás revelación, no serás restaurado, no sabrás que Dios quiere que hagas, en definitiva no tendrás una comunicación directa con el padre y tenemos una gran ejemplo que fue Jesús, el era hijo de Dios pero cada cierto tiempo se apartaba de la gente e iba a orar a su padre.

Obediencia: no podemos decir que somos íntimos de Dios si no obedecemos lo que Dios nos dice que hagamos o que dejamos de hacer, porque obedecer es someterse a la voluntad perfecta de Dios, es como decía el Apóstol Pablo lo que quiero no lo hago y lo que no quiero hacer lo hago, decía esto porque obedecer no es hacer lo que queremos hacer sino lo que Dios quiere que hagamos y es difícil pero es lo que nos lleva a una vida de intimidad.

Ayuno y cilicio: la Biblia nos habla mucho de ellos por su importancia en la vida de un creyente, debido a que trabaja directamente con nuestra humanidad, porque tenemos que menguar humanamente para que siendo débiles en la carne, podamos ser más llenos del espíritu, debido a que los deseos de la carne son para muerte pero los del espíritu son para vida eterna.

Quizás esta parte es corta pero la más poderosa porque podemos tener dones, talentos, ministerios, llamados pero sin intimidad con Dios seres vasos lindos pero vacíos y así no llegaremos a alcanzar la vida eterna en Cristo Jesús.

CAPÍTULO VIII

IDENTIDAD

La identidad es fundamental en la vida de un creyente porque la identidad es lo que te diferencia de otro, es lo que hace que la gente te distinga de los demás.

Es importante adquirir identidad en el mundo espiritual porque es lo que realmente te hace hijo de Dios, identificarse como tal.

Hay un pasaje de la biblia que siempre la he visto desde la perspectiva de la identidad y es la que se encuentra en Mateo capítulo 4 La tentación a Jesús.

1 Entonces Jesús fue llevado por el Espíritu al desierto, para ser tentado por el diablo.

2 Y después de haber ayunado cuarenta días y cuarenta noches, tuvo hambre.

3 Y vino a él el tentador, y le dijo: Si eres Hijo de Dios, di que estas piedras se convertirán en pan.

4 Él respondió y dijo: Escrito está: No solo de pan vivirá el hombre, sino de toda palabra que sale de la boca de Dios.

5 Entonces el diablo le llevó a la santa ciudad, y le puso sobre el pináculo del templo,

6 y le dijo: Si eres Hijo de Dios, échate abajo; porque escrito está: A sus ángeles mandará acerca de ti, y, en sus manos te sostendrán, para que no tropieces con tu pie en piedra.

7 Jesús le dijo: Escrito está también: No tentarás al Señor tu Dios.

8 Otra vez le llevó el diablo a un monte muy alto, y le mostró todos los reinos del mundo y la gloria de ellos,

9 y le dijo: Todo esto te daré, si postrado me adorares.

10 Entonces Jesús le dijo: Vete, Satanás, porque escrito está: Al Señor tu Dios adorarás, ya él sólo servirás.

11 El diablo entonces le dejó; y he aquí realizado ángeles y le servirían.

Se ha explicado desde varias expectativas este pasaje pero desde el día que lo leí, Dios a través de ella me enseñó que parte de lo que buscaba satanás tentando a Jesús era probar su identidad.

Si meditamos en el pasaje, veremos qué siempre que satanás iba a preguntarle, siempre comenzaba con "Si eres hijo de Dios" buscando probar si Jesús estaba claro de su identidad cosa que satanás sabía y no había ninguna duda de que era hijo de Dios.

Actualmente muchos de nosotros buscamos probar que somos hijos de Dios, dejándonos provocar por personas que no tienen identidad de hijo y nosotros en momentos dejamos provocar por ellos para que reconozcan que tenemos identidad de Dios, pero se nos olvida que él que es hijo, él mismo Dios da testimonio de ello.

Si seguimos analizando el pasaje, evidenciamos que Jesús no tenía que demostrar nada porque sabía quién era, a quién le servía, quien lo llamó, escogió y preparó.

Entonces tener identidad no significa dar a demostrar a los demás o tener que probarle a los demás quien eres en Dios, tener identidad significa que tú sepas reconocer quién tú eres en las manos de Dios, que si el señor depositó una palabra y delego una autoridad en ti eso es lo que dará testimonio a los demás.

Y lo más importante es que cuando tú tienes clara tu identidad así mismo tú eres reconocido en el mundo de las tinieblas y ahí es que realmente se conoce tu identidad, cuando en el infierno reconocen quién eres.

CAPÍTULO IX

ALFARERO

Cuando definitivamente aceptas el llamado no creas que de un día a otro ya estás lista para asumirlo a plenitud, porque si así lo crees lamento decirte que no es así, sino que cuando lo aceptas comienza el proceso que yo llamo el Alfarero (Proceso de Transformación).

Les comenté en una parte del libro, cuando finalmente acepté el llamado le dije a Díos que me rompiera e iniciará de nuevo y creo que Dios en ese momento dijo hija así será hecho, porque lo que vino después fue fuerte.

Y creo que es importante que gente que te ve y quiere tener el ministerio que tú posees, tengan el conocimiento que fluir en Dios conlleva más que sólo tener cierto talento sino que conlleva muchos sacrificios, búsqueda, lágrimas, dolores, etc. Porque Dios no puede probarte y prepararte en medio de las mejores circunstancias sino que lo hace en todo terreno.

Recuerdo que meses antes de yo aceptar el llamado Pastoral, un joven profeta que estaba haciendo una pasantía donde trabajaba en ese entonces me dijo que satanás no me atacaba por lo que yo era en ese momento sino por lo que yo iba a hacer en el futuro, que iba a ser Pastora trabajando con jóvenes y que iba a entrar a un tiempo de capacitación.

Pero realmente no le di mente a eso (me rehusaba a ese llamado) hasta el día que me preguntaron que si iba a seguir rechazando el llamado, y cuando llegue a mi casa ese día y le dije a Dios que estaba bien que aceptaría por las buenas entonces comenzó la transformación.

Unos dos meses después de aceptarlo comenzamos a levantar un grupo de whatsapp creado por mi primo donde oramos a las 3am, ya luego comenzamos a hacer actividades virtuales ya que estábamos en pandemia y fuimos viendo que ya esto no era un simple grupo de whatsapp sino un ministerio, y al mismo tiempo entramos en 40 mañanas de ayuno para que Dios revelara el nombre y nos organizará como ministerio.

Pero en ese tiempo Dios comenzó a hacer notar ante los líderes del Ministerio que después de Dios, yo iba a ser la cabeza del mismo y aunque no estaba conforme con la decisión, ya que entendía que le correspondía a quien creó inicialmente el grupo de whatsapp, pero a pesar de eso acepté tomar el liderazgo principal del Ministerio pero nunca imaginé que era el lugar donde Dios me había indicado que me capacitaria.

Y les cuento que mi vida comenzó a tener un cambio súper drástico y Dios fue asignando personas claves para que fueran esos instrumentos que estuvieran conmigo en el proceso de destruir todo lo que era y formar la nueva persona que tendría la responsabilidad de liderar el ministerio y posteriormente en su tiempo una congregación.

Dios puso a dicho ministerio un nombre muy retador en el mundo Espiritual que es Contra Todo Pronóstico, que al principio tenía un breve concepto de lo que era ser una persona contra todo pronóstico y con lágrimas aprendí lo que realmente significaba serlo.

Al principio no aceptaba el ministerio porque teníamos muchas situaciones y cuando entraba en mi habitación pasaba horas llorando porque las cosas no salían como pensaba y le decía al señor que no quería nada que ver con el mismo.

Pero Dios sabe bien a quien escoge y lo que hace y me mandó a entrar en un tiempo de cilicios desde que comenzó el ministerio y duraba meses en el piso y ahora analizo que era una forma de Dios también irme preparando para poder soportar el proceso de transformación.

Y al no entender bien que el ministerio era el campo de entrenamiento para lo que venía para mi vida, yo muchas veces le dije a Díos que saldría del liderazgo, pero él me hizo saber que mi responsabilidad era tan grande en el mismo que si salía de el así mismo ocasionaría que las personas que estaban en el se descarriaran y sobre mí caeria la sangre de ellos (La gente quiere ministerio por lo lindo que se ve desde fuera pero no es tan lindo y fácil desde dentro).

Luego de Dios decirme esto, dejé de tener este pensamiento y comencé a pensar en qué Dios quería cambiar, formar y que yo aprendería en cada etapa que pasaba en el Ministerio.

Lo primero que Dios trabajó en mi fue volverme sensible a las almas, era sentirme tan mal cuando veía a jóvenes perderse en la calle, ver cómo en un momento también yo estaba ciega como ellos y eso trabajó profundamente en mi y desde ese momento quise trabajar más para hablarle a las almas perdidas sobre Dios y entendí perfectamente cuando la biblia habla de que el Pastor deja las noventa y nueve y va por la pérdida. Por qué ser Pastor no es sólo cuidar a las ovejas que tiene en el corral sino saber cómo y dónde buscar esa que se descarrió y esta pérdida.

Lo segundo que trabajó en mi fueron los sentimientos y emociones y de verdad les cuento que ha sido lo más difícil, porque no dejamos de ser humanos y los humanos somos seres emocionales y los mismos juegan mucho con nosotros.

Desde que me convertí, Dios comenzó a alejarme de personas que quería muchísimo y era doloroso pero en esta etapa no era sólo alejarme sino fue deshacer por completo mis emociones y sentimientos; y cuando hablo de esto no es que sólo se alejaran de ti, sino que te critiquen, que personas que amas te traicionen y tener que seguir normal como si no sabes nada y seguir amándolos igual como dice la palabra.

Pero algo que marcó esta etapa fue un día que estaba en la sala de mi casa con mi hermano espiritual y de pronto él se paró de la silla y se fue y yo misma no encontraba explicación a porqué se había ido, inclusive hasta su wifi dejó en mi casa y automáticamente me fui a mi refugio que era mi habitación, me acosté y comencé a llorar y en ese momento no quería hablar con nadie y sólo me decía a mi mismo que le había hecho para que se fuera así.

Me arrope a llorar y minutos después él me llamó y sinceramente no quería tomar la llamada porque ni con él quería hablar, pero el Espíritu Santo me dijo que la tomará y la tomé entre lágrimas y él me pregunta que si estaba llorando por él y le dije que sí y me pidió disculpas pero también me dijo algo que desde ese día mi vida no es igual y fue que yo no le había hecho nada pero que Dios le dijo que se parará sin dar explicación y se fuera y que lo que Dios quería que entendiera con eso que hizo es que no puedo dejar que las emociones me dominen porque llegará el momento que Dios me dirá que le diga algo fuerte a alguien que amo (como a tu congregación) y por tus sentimientos hacia esa persona no se lo dirás o se lo dirás a medias. Y con esto comprendí que cuando tenga una congregación bajo mi pastorado debo amarlos pero también saber que cuando Dios me mande a corregirlos por ese mismo amor debo hacerlo sin dejar que las emociones me dominen.

Como tercero es la parte de educarte para el llamado que tengas, Dios me hizo parar todos mis estudios seculares para comenzar a enseñarme lo que debía saber en lo espiritual y comencé a ver estudios del Pastor Harrigan, también Dios puso personas en el camino y de madrugadas despertaba y Dios me daba citas para estudiarlas y la mayoría de las cosas que sé no las aprendí en escuelas, ni institutos bíblicos sino trancada en mi habitación estudiando la biblia con citas que Dios me mostraba, eso no quiere decir que no sea bueno prepararse, por ejemplo en el momento en que estoy escribiendo el libro estoy cursando el Instituto bíblico pero mi primera escuela para aprender fue mi habitación junto a la Biblia y el Espíritu Santo.

Lo que busco en esta parte del libro es que se entienda que si bien tienes el llamado de Dios, el mismo Dios para llevarte a donde él quiere tiene que cambiarte, transformarte y enseñarte muchas cosas porque sino no estas preparado de nada sirve el llamado y debemos tener claro que debemos ser pacientes en esperar que Dios nos forme para lo que nos diseño, porque muchos queremos el ministerio por lo que implica tenerlo pero no es de la noche a la mañana sino con intimidad, lágrimas y sacrificio.

CAPÍTULO X

LEGALIDAD

Si nos vamos a un concepto de Legalidad en el mundo Espiritual según lo encontrado es:

El Derecho en lo espiritual es el conjunto de leyes y principios espirituales que te permite defenderte de toda adversidad y de todas las obras infructuosas de las tinieblas.

El Derecho Espiritual también es el conjunto de enseñanzas, principios y leyes que te ayudan a ser un ciudadano del reino, cuando sabes cuáles son tus derechos legales en el reino, el enemigo lo piensa varias veces para venir a atacarte, tu solo debes esperar su ataque y cuando eso ocurra podrás utilizar todo el poder del reino en represalia y ten por seguro que huirá de ti, ya que los ángeles de Yahweh gustosos ejecutan lo que sea que hayas dicho porque legalmente puedes ejercer poder, señorío, dominio y autoridad como lo dijo el Señor.

Esta explicación se vuelve simple y sencilla en lo que dice el evangelio de Lucas 10:19

He aquí os doy potestad de hollar serpientes y escorpiones, y sobre toda fuerza del enemigo, y nada os dañará.

Muchos dudamos o no conocemos la legalidad que tenemos en el mundo Espiritual y mientras estamos en ese desconocimiento, Satanás se aprovecha para querer hacer y deshacer en tu vida.

Algo que Dios me ha permitido entender es que no logramos tener legalidad en muchas cosas en el mundo Espiritual hasta que no estamos preparados para ejecutarla.

Desde mi punto de vista tener legalidad es funcional y más cuando estás en pleno conocimiento de la tienes, pasas por un proceso que va dándotela, es como cuando eres estudiante de Derecho que antes de estudiarla no sabías mucho de ella, en el camino aprendes sobre ella y luego cuando te graduas, ya estás apto para ejecutarla profesionalmente.

Así mismo entiendo que se trata la legalidad en el mundo Espiritual, he escuchado en mi vida en el evangelio de que antes de tener legalidad en algo tienes que vivirlo y estoy de acuerdo totalmente en ese enunciado, porque no puedes tener legalidad para sanar si nunca te has enfermado, así mismo no puedes reprender demonios si no eres reconocido con legalidad para hacerlo.

Dios no nos entrega algo hasta que no estamos preparados para asumirlo, porque no se te puede dar legalidad en algo que aún no conoces por eso como ministros y embajadores del Reino en el camino pasamos por tantas pruebas y procesos, son los métodos que Dios utiliza para prepararnos en lo que él nos entregará.

Recuerdo que no sabía que tenía legalidad para usar el don de Sanidad y cuándo comenzó todo este proceso de formación en mi vida espiritual en el año 2020 después de graduarme de la Universidad en el mes de Marzo me comencé a enfermar y cuando les hablo de enfermarme es que no salía de un hospital, me dió bronquitis, dolores en el pecho, una alergia por intoxicación, creo que hasta Covid me dió y me hundí tanto en siempre estar enferma, que comencé a sentirme que era un estorbo para mi familia y yo me sentía inútil; recuerdo que le dije a Díos tres veces que me llevará, que mi familia sólo me lloraría unos días y luego estarian bien.

No aguantaba no poder trabajar, el llamar a mi tío en todo momento porque me daba un dolor en el pecho que no podía respirar bien y entraba de una licencia médica a trabajar y salía por otra. Estaba agotada de esa situación hasta que un día en mi habitación Dios trajo a mi mente algo que me habían ministrado unos meses antes y ahí entendí que no debía decirle a Díos que me llevará sino ver que Dios quería enseñarme y donde quería llevarme con este proceso.

Y en ese proceso Dios puso a mi lado a una hermana espiritual que comenzó a orientarme en lo que debía hacer, siempre le he llamado mi Samuel y comencé a dejar de preocuparme por las enfermedades y hacer lo que Dios quería que hiciera, inicié a adorar y predicar en plataformas digitales aunque después que hacía la obra de Dios no aguantaba lo mal de mi salud. Y siempre diré que el 2020 fue el mejor año de mi vida espiritualmente hablando.

En ese año Dios estaba trabajando muchas cosas en mí y en medio de este proceso también me estaba preparando para darme legalidad.

No fue hasta Octubre del 2021 que me invitaron a adorar en una campaña en Santo Domingo dónde entendí lo que me había pasado. En esa actividad como fue fuera de la ciudad tuve que quedarme a dormir allá en la casa de la señora que me invitó y el día que tenía que irme pero en la mañana, escucho a alguien hablando diversas lenguas y yo me paro a ver quien era, cuando llegó a la sala de la casa era como si esa persona me esperaba y entre todas las cosas que pasaron, agarro mi mano izquierda y me dijo en esta mano Dios te entrega el Don de Sanidad y cuando dijo eso sentía como si fuego saliera de mi mano fue algo que nunca había sentido y luego Dios me ministraba de que si no había pasado por todo eso en el 2020 no podría entender como usar la legalidad e inclusive no tener la suficiente fe y autoridad para utilizar la misma.

Sé que mientras lees esta capítulo del libro estarás pensando en todas los procesos que has pasado para tener legalidad en lo que Dios te ha entregado y cierro esta parte diciéndote que no te enfoques en el proceso sino más bien pregúntale a Díos que quiere que aprendas y que quiere entregarte en ese proceso.

Porque nunca te mandará a una batalla cuando no estés listo para pelearla y ganarla.

CAPÍTULO XI

LEVANTAMIENTOS

En los caminos del señor pasaremos de todo y como dicen coloquialmente **si se lo hicieron a Jesús cuanto más me lo harán a mi** y lo dicen para referirse a que si Jesús fue rechazado, menospreciado, traicionado, nosotros no podemos pensar que nosotros vamos a estar ilesos de pasar por situaciones así.

Aprendí que mientras mayor sea tu ministerio mayores van a ser los levantamientos, pero si lo que quieres es ser un cristiano pasivo que va a la iglesia y ya entonces estarás tranquilo, pero cuando decides no ser como muchos sino ir un poco más allá en la intimidad, profundidad del mundo Espiritual y desarrollar tu llamado, todo comienza a verse contrario y al principio a veces hemos escuchado personas decir, mejor había seguido tranquilo en una silla en la iglesia porque tenía una buena economía, mi familia estaba bien, tenía un buen trabajo y ahora que decidí pararme de esa silla y accionar me va peor en lo económico, mi familia casi destruida, me liquidaron del trabajo y hasta los vecinos me hacen la guerra y es normal llegar a pensar esto y decirlo, pero tenemos que entender que satanás no se quedará tranquilo.

Tenemos la historia de Job era un hombre justo y perfecto ante los ojos del señor pero qué hizo satanás, decirle a Díos que era muy fácil servirle cuando todo estaba bien y él mismo permitió que le quitará todo desmentir a satanás ver que él le serviria aún sin tener nada y ya sabemos que sus amigos lo cuestionaron y su esposa le dijo que maldijera a su Dios y muriera, pero al final ellos pudieron ver lo que Dios hizo luego con él.

Así mismo nos pasa a nosotros en los caminos del señor, satanás conoce lo que somos en Dios y por eso nos quiere estáticos sin hacer la voluntad de Dios, pero cuando nos levantamos a hacer la obra comienza a pasar lo contrario a lo que Dios dijo de nosotros, se alejan los amigos, tu familia no cree en tu ministerio, envidia ministerial, los líderes y pastores no te apoyan, pero lo que amo de Dios es que aún lo malo que nos pasa lo utiliza para formarnos y llevarnos al cumplimiento del propósito.

Mientras vas haciendo la obra muchas veces no consigues ni para los pasajes, debes de hacer ayuno no voluntario y dirias como así, pues así mismo porque ayunas no por hacer un sacrificio a Díos sino porque ni para eso consigues y tienes que seguir haciendo la obra con mayor amor cada vez más; tu familia y líderes no creen y muchas veces quieren limitarte y aparecen pastores que sólo quieren que tu ministerio fluya en el templo (pero ojo, no es que si sus líderes y pastores nos corrigen nos están limitando, porque una cosa es limitar y otra cosa es formar) y creo que nadie puede decir que no es algo doloroso que quieras servir a Díos y los cercanos a ti no lo entienden y quieren que dejes de hacerlo.

Los que estén leyendo esto y estén pasando por esta situación quiero decirles que van por el camino correcto porque si no fuese así, todo estuviera normal.

Cuando tienes un ministerio, los primeros que no van a creer son tu familia y esto es así porque la familia es donde te sientes protegido, amado y entiendes que es tu apoyo en lo hagas pero comienzan los levantamientos para que te sientas mal y dejes de hacer la obra y por eso siempre pienso en lo esta cita dice:

Si uno quiere venir conmigo y no está dispuesto a dejar padre, madre, mujer, hijos, hermanos y hermanas, e incluso a perder su propia vida, no podrá ser discípulo mío. Lucas 14:26

Con esta cita entendí que ni siquiera tu familia puede limitarte a hacer la obra de Dios, que aunque los ames debes amar más a tu Dios por sobre todas las cosas, pero aunque satanás comienza a provocar dichos levantamientos en tu casa no se queda ahí, sino que si ve que con eso no puede, comienza a tratar por ejemplo con tu economía porque sabemos que no tener una buena economía causa hasta que dejes de dormir y te sientas limitado. De repente te sacan del trabajo y no tienes ni para ir a la iglesia, crees que es fácil adorar a Díos en esa situación, pues te cuento que efectivamente no es fácil porque todo es más limitativo al principio pero cuando entiendes que él que está contigo es el dueño del oro y la plata y con esto aprendes a depender de él para hacer la obra.

Cuando satanás ya no puedo limitarte con tu familia ni con tu economía, ahora comienza ha atacarte directamente en lo espiritual dígase con tus líderes y pastores y si duro fue lo primero imagínate que quieras hacer la obra de Dios y no puedas hacerlo porque estás sujeto a líderes y pastores para que te guíen y teniendo claro que actuar sin su permiso es desobediencia, es como estar en un laberinto sin salida porque sabes que debes hacer la obra pero no quieres hacerlo bajo desobediencia e inclusive muchos de ustedes que están leyendo esta parte han sido sentados en los últimos bancos de la iglesia, limitados a no predicar fuera de la iglesia, ser expulsados de sus congregaciones pero Dios recompensa la obediencia.

Otro de los métodos que satanás utiliza para limitarte son los sentimientos, un ejemplo que pasa muchísimo es el siguiente: Estar en una relación amorosa y todo va muy bien hasta que comienzas a poner a Díos por encima de todo y con esto no digo que no debas darle atención a tu pareja pero Dios debe de ser el primer lugar en tu vida.

Entonces comienzan los problemas en la relación y las personas hasta te ponen a elegir entre ellas y Dios (eso lo hará siempre la persona incorrecta) y aunque elijas a Díos comienza el proceso de los sentimientos encontrados y hasta puedes llegar a una etapa que ya ni busques de Díos porque estás tan envuelto en una depresión tan fuerte donde inclusive muchos lamentablemente terminan quitándose la vida o apartándose de los caminos de Dios.

Les cuento estas cosas porque sé que así como pasé por algunas de ellas así la pasan muchos de ustedes y a veces piensan que no van a poder pero los levantamientos son necesarios porque también es donde Dios no sólo nos forma sino que da evidencia de su obra en nosotros.

Para concluir esta parte les daré un testimonio personal y es que cuando Dios me puso como cabeza del Ministerio Contra Todo Pronóstico, mi familia no nos daban tanto apoyo y eso me afectaba pero continúe adelante y después de los levantamientos que sufrimos como ministerio ahora en día la gente de mi familia son los primeros que se envuelven en las actividades del ministerio, cuidan a mis sobrinos para que podemos cumplir con las asignaciones e inclusive mi madre recibió al señor y es parte del ministerio y es sólo un ejemplo de que Dios usa los levantamientos como evidencia de su gloria en nosotros.

CAPÍTULO XII

LAS EMOCIONES Y EL MINISTERIO

Con esta parte quiero concluir el libro y está en toda nuestra vida ministerial y lo digo porque he visto y escuchado testimonios de hombres y mujeres de Dios que dejándose dominar por sus emociones han caído en su Ministerio.

Como seres humanos tenemos emociones y muchas veces nos dejamos guiar por ellas, un ejemplo lo podemos ver en la música cuando estamos emocionalmente felices ponemos música alegre que nos haga seguir sintiéndonos felices y es igual cuando estamos tristes, porque como he mencionado somos seres emocionales y eso afecta mucho nuestra vida ministerial.

Les comenté en otra parte del libro que lo primero que Dios trata en nosotros es con nuestras emociones porque no podemos dejarnos dominar por ellas si queremos tener un Ministerio, porque si es asi vamos a actuar según como estén nuestras emociones y lo que veamos y no por la dirección de Dios. He escuchado predicas donde se comienza bajo la dirección de Dios y se termina bajo emoción y eso no quiere decir que no sean hombres y mujeres de Dios sino que por un momento se dejaron dominar de las emociones y eso hasta pone en duda si realmente son hombres y mujeres de Dios.

La vida espiritual con Dios no quiere nada con las emociones porque cuando nos dominan a veces no ponemos atención a escuchar lo que Dios quiere que hagamos, sino hacemos lo que las emociones nos incitan a hacer y eso es muy delicado, imagínate una vida espiritual bajo emoción y digas bueno hoy no voy a orar porque simplemente no tengo ánimo amanecí triste, no voy a adorar a Díos porque mi pareja terminó conmigo, no le voy a corregir algo malo que hizo mi hermano porque me doleria demasiado porque lo amo.

Y hay una palabra en nosotros que no puede fluir bajo emoción sino bajo revelación de Dios, porque no caminamos por lo que sentimos ni vemos humanamente sino por lo que Dios nos hace sentir, nos muestra y nos direcciona.

No es fácil dominar las emociones pero pidiendolo bajo el dominio de Díos y sometiendonos a su perfecta voluntad podremos cada día dar lo que Dios nos dé, caminar como él quiere que caminemos y ministrar sólo que él quiere que ministremos, porque a veces nos llevamos de que si una prédica no dura una hora no fue de Dios, sino ministramos mientras adoramos no fue dirigido por el Espíritu Santo y Dios hace como él quiera, habla en una prédica de una hora como en una de

10 minutos, puede ministrar a través de una adoración sin que tenga que hacerlo el adorador.

Dejemos de crear parámetros para las cosas de Dios y dejar que las emociones del momento nos dominen y cada vez que vayamos a hacer algo para Dios, lo primero que pidamos es que Dios sujete nuestras emociones, que hablemos lo que él quiera y si en un momento nuestras emociones quieren entrar en acción, mejor sería que nos enmudeciera.

Oremos para que adoremos a Díos no por emoción, ni por circunstancias, sino porque estamos diseñados para adorarle independientemente de cómo nos sintamos o de lo que veamos, porque no caminamos por emociones ni por vista, caminamos por fé y la palabra que Dios depositó en nosotros.

TESTIMONIOS DEL LIBRO

El libro me hizo entender tantas cosas, desde que lo empecé a leer, me atrapó y no pude dejar de leerlo hasta terminarlo y quiero decirte que lo que escribes es de mucha bendición y será de gran impacto en la vida de muchos, Dios te ha dado gracia, hasta la Presencia de Dios sentí cuando leía.

Catherinne Araceli Jiménez Navarrete

Tú como quien dice escribiste el bendito libro para mi, lo del llamamiento, de los rechazos, sea en sí el libro está fuerte, está bien; es claro que las personas se pueden identificar y más un apartado de la presencia como yo, te lo estoy diciendo y me dejaste hasta escalofríos pero literalmente el libro va a ser chocante en la vida de los demás.

Yendry Pérez

Cuando iba leyendo el libro hasta las lágrimas se me quisieron salir porque cuando tú estuviste hablando que te criaste con tus abuelos y que tu padre vivía lejos y aunque te daban todo lo que estaba a su alcance había algo que tú necesitabas y era estar cerca de ellos y que el enemigo te atacaba con que tus padres no te querían, de que nadie te quiere sabes que yo pasé algo semejante a eso.

Yumil A. Feliz

Acabo de leer la parte del libro que me mandaste y literalmente no pude contener las lágrimas es algo con lo que me identifico de principio a fin, de lo que pude leer es como si estuviera leyendo mi propia biografía, de verdad que ahora mismo tengo muchos sentimientos encontrados Dios mío sólo puedo decir que Dios te continúe guiando e iluminando.

Nelly A. Guzmán Valdez

MEMORIAS

Antes de dejar entrar a Cristo en mí vida pensaba que vestir sexy, bailar, adoptar la identidad que otros querían ver en mí, todo eso llenaría el vacío que tenía dentro.

Pero cuando lo dejé entrar cambió todo en mi vida, pensamientos, manera de vestir, amistades y entendí que había algo más en mi y que podía hacer algo por mi generación y amo ver lo que Dios ha hecho en mi y descubrir que tenía tantas facetas para hacer su obra.

www.ingramcontent.com/pod-product-compliance
Lightning Source LLC
LaVergne TN
LVHW010358160826
845677LV00005BA/1302

* 9 7 8 9 9 4 5 1 8 0 6 7 1 *